ORAISON FUNEBRE

DE SON ÉMINENCE
MONSEIGNEUR LE CARDINAL

DE LA ROCHEFOUCAULD,

ARCHEVÉQUE DE ROUEN,

Primat de Normandie, Abbé, Chef Supérieur général
& Adminiſtrateur perpétuel de l'Abbaye & de tout
l'Ordre de Cluny, Doyen des Evêques de France,
Commandeur de l'Ordre du S. Eſprit, &c &c.

Prononcée le 15 Mai 1801, dans l'Egliſe des R.R.
Pères Récollets de Munſter en Weſtphalie,

Par M. l'Abbé J A R R Y.

A M U N S T E R,
De l'Imprimerie d'Ant. Guil. ASCHENDORF.

M D C C C I.

ORAISON FUNÈBRE

DE

S. E. MONSEIGNEUR LE CARDINAL

DE LA ROCHEFOUCAULD.

Præcepta mea cor tuum custodiat : longitudinem enim dierun, et annos vitæ , et pacem aponent tibi.... Ne paveas repentino terrore, et irruentes tibi potentias impiorum.

Que votre cœur garde mes commandemens ; car ils vous procureront la longueur des jours, des années heureuses, et une paix inalté-rable.... Vous ne serez point saisi d'une frayeur soudaine, lors-que les impies viendront avec toute leur puissance pour vous accabler.

Prov. c, III. v. 1. 2. 25.

MESSEIGNEURS, (1)

TELLE est la récompense de l'homme qui accomplit les préceptes de la loi, qui joint le zèle de la *vérité* aux œuvres de la *miséricorde*, (2) & ne connoît d'autre

---

(1) M. M. les Évêques de Limoges et de Digne.
(2) *Misericordia et veritas te non deserant.* vers. 3.

Sageſſe que la Sageſſe de Dieu (1) il reçoit en partage
les *richeſſes & la gloire* (2) ; il voit ſes jours ſe repro-
duire, les années de ſa vie ſe multiplier dans l'abondance & la paix. *Longitudinem dierum, & annos vitæ
& pacem.*

Si, au déclin de ſon âge, il tombe tout à coup dans
un abyme de malheurs, gardons nous de croire, M.M.,
qu'il ait été infidèle à la Sageſſe, ou que la Sageſſe ſe
ſoit jouée de ſes eſpérances. Inſenſés que nous ſommes,
eſclaves aveugles de nos préjugés & de nos paſſions !
Nous plaçons le bonheur dans des phantômes qui nous
ſéduiſent, le malheur, dans l'abſence des vils objets
de nos cupidités.

L'homme qui s'attache à la Sageſſe, y puiſe le prin-
cipe d'une vie nouvelle (3) ; il y découvre une ſource
de lumières & de félicités d'un ordre bien ſupérieur.
Inſtruit par ſes ſublimes léçons, préparé de loin à tous
les événemens ; rien de ce qui corrompt ou abbat les
ames vulgaires, n'eſt capable de ſéduire ou d'ébranler
la ſienne. (4) Fort de la puiſſance de Dieu, qu'il a ſans
ceſſe dans ſa penſée, (5) il reſte calme, immobile, au
milieu des agitations & des viciſſitudes humaines. Il
reçoit les biens de la terre ſans les rechercher, il les
poſſède ſans attache, il les perd ſans regret. Que le

(1) *Ne innitaris prudentiæ tuæ .., ne sis sapiens apud temetipsum :
Time Deum.* vers. 5 et 7.
(2) *Longitudo dierum in dexterâ ejus, et in sinistrâ illius divitiæ
et gloria.* vers. 16.
(3) *Erit vita animæ tuæ.* vers. 22.
(4) *Non contristabit justum quidquid ei acciderit.* Prov. XII. v. 21.
(5) *In omnibus viis tuis cogita illium.* Cap. III. 6.

monde lui déclare la guerre, que l'impiété fonde fur lui avec toutes les puissances de l'Enfer, il n'en est point épouvanté. *Ne paveas...*

Vous me prévenez fans doute, M.M. Dans ce portrait d'un Sage éprouvé tour-à-tour par la profpérité & les revers, qui de vous ne reconnoît pas le vertueux Cardinal que nous pleurons? Dépouillé de fes richeffes, perfécuté, profcrit, il a terminé dans une terre étrangère une vie qui fut, pendant quatre-vingts ans, une fuite non-interrompue de profpérités. Dans des fituations fi différentes, dans des extrêmités fi oppofées, fon caractère ne fe dementit jamais. Modefte & bienfaifant au fein des grandeurs & de l'opulence, intrépide dans les dangers, réfigné dans l'adverfité, il conferva toujours une ame égale & tranquille, une douceur, une amabilité, une paix inaltérale. *Pacem apponent tibi...*

Un fiècle de vertus, & de vertus fans oftentation, comme fans foibleffe, telle eft l'hiftoire de fa vie. Qu'une vaine curiofité n'y cherche, ni projets vaftes, ni entreprifes extraordinaires, ni les jeux de l'intrigue, ni les manœuvres de l'ambition. Les voies du jufte font fimples comme fon cœur. Sa grandeur eft fondée fur fes bienfaits. Sa gloire, moins brillante, peut être, mais plus folide & plus pure, fe compofe toute entière de l'accompliffement de fes devoirs.

Toujours modéré, toujours maître de fes defirs, LE CARDINAL DE LA ROCHEFOUCAULT fe renferma religieufement dans fon miniftère. Il ne connut point cette dévorante inquiétude de l'efprit & du cœur, qui tourmente le commun des hommes. On ne le vit point s'agiter pour devenir ce qu'il n'étoit pas, plus fage & plus grand, il fut conftamment tout ce qu'il devoit être (1). Il ufa de fon bonheur pour le foulagement des malheureux ; il ne craignit point de devenir malheureux lui-même pour la caufe de la juftice & de la vérité, & rendit ainfi fon éléva- tion & fes difgraces utiles à l'humanité, glorieufes à la Religion, à l'Eglife de France.

Durant le cours de fes profpérités, le CARDINAL DE LA ROCHEFOUCAULD parut avec les vertus d'un grand Evêque.

Dans les troubles de l'Eglife & de l'Etat, & pendant fon exil, il déploya un zèle, un courage fupérieur à tous les dangers, une patience à l'épreuve des plus dures pri- vations.

Oui : fi ma voix pouvoit pénétrer jufqu'à ceux qui le per- fécutèrent, je les inviterois à fe réunir à vous, &, mal- gré les malignes influences des difcordes civiles, je ne craindrois pas que le moindre murmure interrompît l'Eloge que la vérité confacre par ma bouche à *Très- Haut & Très-Puiffant Seigneur Dominique de la ROCHE- FOUCAULD, Cardinal Prêtre de la fainte églife Ro- maine, Archevêque de Rouen, Primat de Normandie, Abbé, chef, fupérieur général & adminiftrateur perpé- tuel de l'Abbaye & de tout l'ordre de Cluny, Doyen des Evêques de France, Commandeur de l'Ordre du Saint- Efprit.*

La mort du Cardinal de la Rochefoucauld a plongé l'Eglife Gallicane dans le deuil. Animés par le fenti- ment d'une piété filliale, des Prélats veulent que je lui

---

(1) *Grande est aliquem intrà se tranquillum esse et sibi convenire.* S. Ambr. de vita Jacob.

offrent aujourd'hui le tribut folemnel de leur vénération & de leurs regrets : trifte & dernier hommage de
l'amitié reconnoiffante, qu'ils regardent comme une dette
facrée, non-feulement envers un Chef fi digne de leurs
larmes, mais encore envers l'Eglife de France, envers
leur fiècle & la poftérité; convaincus avec Saint Gré-
goire de Nazianze, que, tandis que le crime travai
avec tant d'ardeur à perpétuer la mémoire des impies,
s'eft trahir les intérêts de la Religion, que de taire les
louanges des hommes éminens, qui l'ont honorée par
leurs vertus (1).

PREMIÈRE PARTIE.

Le Ciel qui ordonne, en Arbitre fouverain, de la
deftinée de tous les hommes, fe plaît quelquefois a en
diftinguer dans la foule par des fignes particuliers qui
annoncent vifiblement fa protection & fes faveurs. Ainfi
verrons nous la Providence prendre, pour ainfi dire,
par la main le *Cardinal de la Rochefoucauld*, le con-
duire pas à pas depuis fon enfance jufqu'au terme de fa
longue carrière, fans qu'il faffe autre chofe que fe prêter
a fes vues & obéir a fes deffeins.

Tandis que la maifon de la Rochefoucauld, en pof-
feffion de réunir les première dignités de l'Eglife & de
l'Etat, eft comme accablée fous le poids des honneurs,
un de fes rameaux, féparé depuis long-temps de fa tige
illuftre, reftoit confondu, dans une province éloignée,

(1) *Neque enim alioqui pium nec tutum est, cùm impiorum hominum
vita memoriæ prodatur, pietate præstantes viros silentio transmittere.*
S. Grég. Naz. Orat. 21. in laudes S. Athanasii.

A 4

avec ces familles antiques, que les rigueurs de la fortune
retiennent dans les bornes étroites de l'héritage de leurs
Pères. Dieu, qui a réfolu de perpétuer dans le Clergé
de France & dans le facré Collège (1) cette tradition
de vertus & de grands exemples, dont la maifon de la
la Rochefoucauld les enrichiffoit depuis plus d'un fiècle,
jette les yeux fur l'enfant de fes miféricordes. Il envoye
un de fes pontifes dans les déferts où il eft caché. C'eft
lui qui doit découvrir le myftère de fa naiffance, & le
reveler aux chef de fa Tribu.

Frédéric de la Rochefoucauld, Archevêque de Bourges,
eft informé par l'Evêque de Mende, (2) du trifte fort de
cette branche ignorée de fa maifon. Son ame en eft vivement émue. Il l'adopte auffitôt : c'eft un don que la
Providence lui fait par les mains de l'amitié. Ici, MM.,
repréfentons nous un jeune homme avec la phyfionomie
la plus heureufe, dont tous les traits, pleins de grace
& de nobleffe, refpirent l'innocence & la candeur. Tel
eft l'aimable orphelin que Frédéric de la *Rochefoucauld*
appelle auprès de lui. Sa vue, autant que fes titres, parle

(1) Le premier Cardinal de la maison de la Rochefoucauld fut Français, Evêque de Sanlis, Abbé de Sainte Genevieve à Paris, Grand Aumônier de France, et Commandeur des Ordres du Roi. Il travailla avec
zèle à détruire l'hérésie et à réformer les ordres de S. Augustin et de
S. Benoît. C'est par ses soins que s'établit la Congrégation des Chanoines
réguliers, dits Génovéfains. Il fut encore le zèlé protecteur des Jésuites
chez lesquels il avoit étudié. On rapporte, que dans un Conclave, le
Cardinal Bellarmin lui donna constamment sa voix pour être Pape; et
sur ce qu'on le pressoit de lui retirer son suffrage, attendu qu'il n'en
réunissoit point d'autres ; *j'obéis à ma conscience*, répondit le pieux
Cardinal, *j'ai juré de nommer celui que je crois le plus digne.* Il mourut
en 1645, à l'âge de 87 ans.

(2) N. de Choiseuil.

au cœur du grand Archevêque, & lui prouve qu'il eſt
de ſon ſang.

Doué, en naiſſant, d'une ame bonne & portée à la
vertu ; *puer ingenioſus ſortitus.... animam bonam;* ce
don divin de la nature, *munus naturaliter divinum;*
il ſut le conſerver avec un cœur ſenſible, malgré l'attrait
du plaiſir & les ſonges de l'ambition.

Il répond aux ſoins de ſes maîtres par une applica-
tion conſtante, par des progrès ſoutenus. Avec le plus
beau naturel, ſe développent encore les plus ſolides
qualités, un eſprit juſte, un jugement ſain, un germe
de talens véritables, qui auroient jetté plus d'éclat, s'il
eût pu vaincre cette modeſtie innée qui les lui déroboit
à lui - même.

Ainſi tranſporté, comme par enchantement, de l'ob-
ſcurité du toit paternel, au milieu de toutes les illuſions
de la fortune & de la grandeur, loin d'en être ſéduit,
il montre une maturité de raiſon, une ſageſſe de conduite, une amour de ſes devoirs, qui préſagent tout ce
qu'il doit être un jour (1). Il a déjà triomphé de lui-
même, & il n'eſt encore qu'un enfant.

Tant de vertus croiſſoient pour l'Egliſe. Dans cettte
maiſon ſaintes, qui étoit parmi nous, comme autrefois
le monaſtère de Lérins, *le ſeminaire des évêques,* le
jeune Abbé de la *Rochefoucauld* ſe partage entre l'étude
& la piété. Là, il puiſe le gout des choſes de Dieu ; il
y prend cette gravité de mœurs, cette dignité de main-
tien, cette modeſtie ſacerdotale, que le commerce des

_____

(1) *Ex studiis suis intelligitur puer, si munda et recta sunt operat
ejus.* Prov. c. 20, verset 11.

hommes, & l'ufage des affaires ne pourront lui faire perdre.

Il paroît avec honneur dans cette lice favante, où préludoient à de plus férieux combats des athlètes choifis dans tous les Diocèfes de France : lutte de zèle, d'émulation & de talens, qui montroit à l'héréfie & à l'impiété une légion de forts d'Ifraël toujours armés pour la Foi. O fainte Eglife Gallicane, je me plais à parler de ces belles inftitutions qui faifoient votre gloire; mais hélas ! elles ne font plus, & vous-même, vous êtes captive ou difperfée au milieu des nations !

L'Archevêque de Bourges affocie l'Abbé de la Rochefoucauld au gouvernement de fon Diocèfe. Quelle école ! Quel modèle ! Frédéric de la Rochefoucauld poffédoit, avec cette bonté touchante, qui gagne d'abord les cœurs, ces grandes qualités de l'ame qui entraînent bientôt l'admiration (1). Sa fimplicité & fa modeftie leur donnoient un nouveau luftre. Aux connoiffances les plus utiles pour fervir l'Eglife & l'Etat, il joignoit un coup d'œil fûr pour juger des hommes & des affaires, une prudence confommée, le zèle du bien public, la fenfibilité au fort des particuliers, & un refpect invariable pour la vérité & la vertu, quelque part qu'elles fe montraffent. Vrai Père dans fon Diocèfe, cher au grand Pape Benoît XIV, révéré dans Rome, où l'on avoit fu l'apprécier pendant fon Ambaffade, l'ami de ce Roi, auquel il ne manqua pour être conftamment le meilleur des Rois, que d'avoir toujours de femblables amis; un homme, en un mot, dont la fin précipitée

---

(1) *Bonum virum facile crederes, magnum libenter.*

fût regardée comme une calamité publique (1). O vous, dont la mort en eft une fi grande pour l'Eglife Gallicane , je fatisfais aux fentimens les plus chers à votre cœur , lorfque je loue ici le grand Archevêque auquel vous dûtes & votre éducation & vos vertus. Son éloge ne peut point être féparé du vôtre ; fa gloire eft un héritage qui vous appartient , comme la vôtre réjaillit fur fa mémoire ; puifque , s'il eut le mérite de vous donner à l'Eglife de France , vous avez eu celui de la confoler de fa perte.

Qui n'eût penfé , lorfque l'Abbé de la Rochefoucauld entra dans le Sanctuaire , qu'il ne s'écouleroit entre l'onction du Sacerdoce & celle des Pontifes , que l'efpace de temps conforme à nos ufages ? fon Oncle , (l'Archevêque de Bourges le nommoit fon neveu pour le rapprocher davantage de fon cœur) , fon Oncle qui n'avoit point pour fon fang les foibleffes d'Hélie , forme le nouveau Samuel , l'exerce aux vertus Epifcopales par un laborieux noviciat de dix années , que l'abbé de la Rochefoucauld nomma toujours depuis , les plus belles années de fa vie.

Alors étoit chargé d'indiquer au Roi fes fujets dignes de l'Epifcopat , un homme d'une vertu auffi folide qu'auftère ; Evêque au milieu des Courtifans auxquels il ne parloit qu'avec la fainte rudeffe d'Elie ; inacceffible à la faveur dans un Miniftère qu'elle fe plaît à regarder

(1) Frédéric Jérôme , Archevêque de Bourges en 1729, Abbé de Cluny , Cardinal en 1747 ; Ambaffadeur à Rome en 1748 ; Préfident de l'Affemblée du Clergé en 1750 ; Grand Aumônier de France , et Miniftre de la feuille des Bénéfices en 1755. Il mourut prefque fubitement en 1757.

comme fon Domaine; réfiftant au Monarque lui-même, quand la confcience lui défendoit d'obéir; un Evêque, qui avoit formé pour la France ce Dauphin, dont hélas! elle attendoit fon bonheur.

Qui peut donc diftraire un difpenfateur fi éclairé & fi fidèle? S'il paroît oublier l'Abbé de la Rochefoucauld, la voix publique s'élévera en fa faveur. *Oui, je connois l'Abbé de la Rochefoucauld, répond le pieux Miniftre, mais un mérite fi rare demande un grand Siège.*

Il juftifie fes délais en le propofant pour l'Archevê-ché, d'Alby. Louis XV applaudit à fon choix. *Je fuis charmé, dit le Monarque, de nommer l'Abbé de la Ro-chefoucauld à cette riche Eglife : le bon ufage qu'il a fait jufqu'ici de fes revenus, me répond de celui qu'il en fera par la fuite.*

Un bienfait marqué de la Providence, donne alors pour Confécrateur à l'Abbé de la Rochefoucauld, d'a-près le vœu de fon cœur, & fuivant les règles canoni-ques, l'ancien des fuffragans de fa Province, fon Evê-que diocéfain, fon premier bienfaiteur, le vénérable Evêque de Mende. A cette cérémonie touchante, dont les témoins ne parlent encore qu'avec la plus vive émo-tion, les larmes couloient de toutes part, non-feule-ment à l'autel, mais dans toute l'Eglife.

Loin de s'énorgueillir du rang qui l'élève dans le fanc-tuaire, le nouvel Archevêque d'Alby l'envifage avec une religieufe terreur, comme le titre d'une fervitude facrée & d'une follicitude univerfelle. S'il fait; que *l'Epifcopat eft un Empire,* il fait auffi, que c'eft *l'Em-pire d'un Père,* que fon gouvernement doit en avoir la *condefcendance & la douceur;* que fes puiffans plus refforts

font la confiance ; la perfuafion & l'exemple. Maximes
faintes, qu'il a long-temps méditées. Pour s'y confor-
mer, il fembla n'avoir befoin que d'écouter fon cœur,
& de s'abandonner à fon propre caractère.

J'attefte cinquante quatre années d'Epifcopat, au milieu de conjonctures variées, délicates, orageufes :
J'attefte deux grands Diocèfes qui béniront à jamais la
mémoire du fage Prélat ; Et je dis, qu'il poféda le
grand art de l'Evêque, l'art de gouverner, qu'aucun
talent ne fupplée, & qui feul peut fuppléer tous les
talens.

En effet, au milieu des troubles dont l'Eglife de
France étc.. alors agitée, ne fut - ce pas, MM., le chef
d'œuvre de la fageffe qu'une conduite ferme & circonf-
pecte tout à la fois, auffi éloignée de cette molleffe qui
facrifie des devoirs facrés à un lâche amour du repos,
que de cette ardeur irréfléchie, qui ne remplir fes devoirs qu'aux dépens de la paix néceffaire à l'Eglife ; une
conduite où le zéle agit avec les ménagemens d'une
prudence chrétienne qui en affure le fuccès ; prévient
les fcandales pour n'être point dans la néceffité de les
punir ; contient, réprime par des mefures paifibles &
modérées, une Secte turbulente & artificieufe ; fait
obferver les lois de l'Eglife, fans donner d'ombrage
aux lois civiles ; accomplit ainfi toute juftice, & affure
le triomphe de la vérité, *en difpofant tout avec douceur.*

D'Alby où le vertueux Prélat fit regner pendant
treize années la concorde & le bonheur ; fuivons le,
MM. dans cet autre Diocèfe, qui eft auffi vafte qu'une
Province ; ce Diocéfe, où le commerce apporte avec
les productions des deux mondes, les vices de toutes

les nations ; où , des rapports journaliers avec la Capital , en font tranfpirer fans ceffe le poifon des nouvelles maximes , & le fcandale des nouvelles mœurs.
Quel peuple fut jamais expofé à de plus grands dangers?

Néanmoins, MM. , portez fans crainte vos regards
fur cette région affiégée au dehors & au dedans par la
cupidité, le luxe & l'irréligion. Commencez votre exa-
men par le fanctuaire : qu'y verrez vous ? Une Eglife
Métropolitaine, digne par fa régularité & fes lumières,
de fervir de modèle au refte du Clergé : dans les villes,
dans les campagnes , des Prêtres , des Pafteurs éclairés,
exemplaires, charitables ; tous unis entre eux ; tous foumis & affectionnés au premier Pafteur ; la perpétuité
de l'efprit Apoftolique, affurée par de pieux établiffe-
mens , où l'Eglife dote la vertu indigente qui doit un
jour la fervir ; par-tout, l'enfeignement de la plus faine
doctrine ; par-tout, l'obfervation de la difcipline la plus
exacte ; de nombreux monaftères de filles dans la ferveur ,
des collèges bien règlés , des hopitaux adminiftrés avec
fageffe ; l'harmonie la plus parfaite entre l'autorité civile & la puiffance Eccléfiaftique ; les Sectaires hypo-
crites réduits à fe cacher dans les ténèbres. Que verrez-
vous encore? un Peuple innombrable, inftruit, confolé,
affifté dans tous fes befoins, affermi très-long-temps par
les efforts du zèle contre le torrent du libertinage & de
l'impiété , & qui , dans le naufrage univerfel , a encore
donné à la France étonnée de fi grands exemples de fidélité & de dévouement.

Voilà , MM., le tableau fidèle, qu'à offert le Diocèfe
de Rouen durant plus quarante années. Voilà les œuvres de
fon Archevêque. C'eft avec ces titres, qu'il fe préfente

à l'Eglife, à la l'oftérité. N'affurent-ils pas à fon nom
une gloire immortelle?

L'Apôtre, felon la remarque de St. Chryfoftôme, a
renfermé dans un feul précepte toutes les obligations
de l'Evêque. *Opertet Epifcopum irreprehenfibilem effe.*
Étudiez la conduite, fondez les intentions, fuivez les
démarches de l'illuftre Archevêque : il a accompli ce
grand précepte; il fut irréprochable; *irreprehenfibilem...*

Nommerez-vous une feule vertu qu'il n'ait pas eue
un feul devoir qu'il n'ait pas rempli? Quel Evêque fut
plus docile, plus attaché à l'Eglife, plus dévoué, plus
foumis au faint Siège? Parlerai-je de fa foi, auffi vive
que fa piété étoit fincère? Du recueillement avec lequel
il offroit la victime éternelle; de l'humilité avec laquelle
il fe préfentoit au tribunal de la Pénitence, rempliffant
à découvert, & aux yeux de fon peuple, un acte de
la Réligion fi pénible pour l'orgueil? Parlerai-je de l'admirable pureté de fa vie, de cette innocence de mœurs
qui fit l'ornement de fes premières années, & fut encore la couronne de fa vieilleffe?

Ame fimple & modérée, il ne connut jamais l'ambition. Il faut que l'autorité lui faffe une efpèce de
violence, pour rompre les premiers liens qui l'atta-
choient à l'Eglife d'Alby; & c'eft en foupirant qu'il
paffe à une plus grande Métropole. Décoré de la Pourpre Romaine, je l'entends au fein de fa famille, dans
ces premiers momens où le cœur humain n'a point de
fecrets, déclarer avec candeur, que jamais il n'a défiré
ces honneurs.

Qui fut plus éloigné de tout efprit de hauteur & de

domination ? Voyez le au milieu de ſes Coopérateurs ;
il y eſt *comme l'un d'eux* ; il ſait diſtinguer par ſa confiance & ſon eſtime , le mérite, les ſervices & les talens ; mais tous ont droit à ſon affection & à ſes bon-
tés. S'adreſſent-ils à lui dans leurs peines ? réclament-
ils ſes conſeils ou ſon crédit ? Ils trouvent dans leur Archevêque un confident ſûr , un ami ſinçère, un protecteur zélé. Sa maiſon, ſa table, ſes tréſors, ſon cœur,
leur ſont toujours ouverts. Quelle étoit ſa tendreſſe pour
les vétérans du Sacerdoce , épuiſés par les ſaintes fati-
gues du Miniſtère Evangéliques ! Et que ne fit-il pas
pour répandre des conſolations ſur leur vieilleſſe ?

Chaque année, il parcourt les différentes parties de
ſon Diocèſe ; il viſite les Paſteurs & les troupeaux. Chaque année , il raſſemble ſon Presbytère, & là, dans le
ſilence de la retraite , il repaſſe ſes faute, il ſe retrace
ſes devoirs. Quelle exhortation puiſſante pour ſes Coopérateurs, que cette longue vie ſans tache , conſacrée toute
entière aux vertus de ſon état ! *Ità ſe imitabilem cæteris
in cunctis quæ agit inſinuat , ut inter eos non habeat
quod ſaltem de tranſactis erubeſcat.*

L'irréligion impunie, encouragée dans la Capitale de
l'Empire , étend-elle enfin ſes funeſtes conquêtes parmi ſon troupeau ? Le pieux Archevêque court aux pieds
des autels ; il indique une pénitence ſolemnelle, Il appelle
de toutes les parties du Royaume des hommes Apoſto-
liques. il envoye ces nouveaux Jonas annoncer à ſon
peuple les vengeances d'un Dieu juſtement irrité, prêt
à exterminer une génération criminelle.

Que les richeſſes ſoient un écueil pour le méchant
qui en abuſe ; dans les mains de l'homme de bien ,

elles

elles fe changent en moyens de falut. *Divitiæ, ut im-
pedimenta in improbis, ità in bonis funt adjumenta
virtutis.*

Le vénérable Archevêque s'eſt rendu compte de ſa
fortune, &, dans le partage de ſes revenus, il a traité
les pauvres comme les aînés de ſa famille. Chaque année leur porte le tribut régulier de ſes largeſſes. Quelques fléaux déſolent-ils les villes ou les campagnes, ſur-
vient-il des malheurs imprévus, des déſaſtres publics,
ou des revers particuliers ? (& un ſi grand Dioceſe en
fut-il jamais exempt?) On n'a pas beſoin de le fati-
guer par des ſollicitations, de ſurprendre ſa pitié par
des tableaux vifs & animés de la miſère, qu'elle lui ſoit
connue, c'eſt aſſez. Jamais il ne déſeſpéra l'indigent
par un refus; jamais il ne le fit languir par des délais:
la promptitude & la grace avec leſquelles il donne,
double le prix de ſes bienfaits.

Lorſque l'inclémence des ſaiſons ſuſpend tout-à-coup
les travaux d'une population immenſe, lorſque des mil-
liers de familles au déſeſpoir, demandent, à grands cris,
à leurs chefs, un pain qu'ils ne peuvent plus gagner;
le ſenſible Archevêque vole au ſecours de ces infortunés, il épuiſe ſes tréſors, il anticipe ſur ſes revenus.
Rien ne lui coûte pour arracher ſon peuple à la détreſſe.
Interrogez tant d'années, malheureuſement fameuſes
par les fléaux de la colère Divine, toutes dépoſent hau-
tement en faveur de cette charité inépuiſable, qui s'é-
tendoit avec les calamités publiques, & multiplioit ſes
efforts, à meſure qu'elles multiplioient leurs ravages.
Ouvrez les regiſtres des hopitaux, vous en trouverez à
chaque page les preuves les plus frappantes. Parcourez

B

les campagnes, elles vous en offrent d'auffi beaux mo-
numens. Ici, il rebâtit l'afyle du cultivateur dévoré par
les flammes, &, avec les inftrumens de fon travail, il
lui donne les animaux, utiles compagnons de fes fati-
gues. Là, il lui affure les fecours gratuits de la médecine.
Plus loin, il place ces filles admirables, dont la charité
fe partage entre les infirmités de la vieilleffe & l'éducation des enfans de leur fexe. Sa tendre compaffion
s'étendit jufques fur les malheureux qui attendent dans
les fers le châtiment de leurs crimes; & la ville de Cluny
montrera à la poftérité la plus reculée, l'édifice plus
commode & plus vafte que leur éleva fon humanité.

La mifère publique n'eût pas feule des droits fur fon
cœur. Il en eft une autre plus facrée, dont la pudeur
étouffe les plaintes, & qui fe confume elle-même par la
crainte de fe trahir. Elle n'échappera point à la fainte
curiofité du fenfible Prélat. L'inftinct de fa charité la
devine; il va la furprendre par des bienfaits inatten-
dus. Doublement heureux, s'il peut lui cacher la main
qui la fecourt, & ne laiffer que le Ciel en perpective
à fa reconnoiffance.

Quel vif & tendre intérêt ne lui infpiroient pas encore ces familles antiques, déchues de leur première
fplendeur! (1) Recueillies avec empreffement, arrofées
par fes foins généreux, des femences précieufes qui
alloient dégénérer & fe perdre, s'élèvent bientôt en
arbres majeftueux & fe couronnent de fruits utiles à la

(1) *Omnibus quidem mifericordia inopibus jure debetur, sed major
quidam, cùm ex divitibus atque nobilibus in ultimum statum atque
egestatis necessitatem aliquos ærumna dejicit, miserationis pulsat affectus
Saint Ambros. Enarr. in Pfalm. 198. N.° 4.*

Religion & à la Patrie. Les Diocèses de Rouen &
d'Alby en offrent de touchans exemples. Veut-on l'en
remercier? *N'est-il pas juste*, répond-il, *que je fasse
pour les autres, ce que l'on a fait pour moi-même?*

Que vous dirai-je, MM.? Que ne pouvant point sa-
crifier les droits de ses bénéfices, il en abandonnoit la
jouissance à des gentils-hommes peu fortunés? Que ses
dons soutenoient, dans nos armées, des Officiers pleins
de valeur? Qu'il possédoit encore l'art d'obliger en prê-
tant à propos, lorsque la délicatesse ne lui permettoit
pas de donner? Que sais-je? Il faudroit parcourir tous
les rangs, toutes les classes, vous faire l'énumération de
tous les genres de besoins, pour vous donner une idée
de l'immense étendue des bienfaits que le libéral Archevêque répandit avec tant de générosité. Combien encore,
font demeurés ensevelis avec lui, & n'ont eu pour témoin
que le Père Céleste! Un trait seul peindra mieux sa charité que toutes mes paroles. C'est le cri unanime des pauvres, qui, depuis son Exil, s'est fait entendre dans toutes
les parties de son Diocèse. *Ah! si notre bon Cardinal
étoit encore parmi nous, nous ne serions pas si malheureux!*

Ainsi la Religion révèt ses Pontifes des entrailles de
la charité de Jésus-Christ. Ainsi la prévoyante libéralité
de nos Pères, en se dépouillant en faveur de l'Eglise,
assuroit d'âge en âge, de perpétuelles ressources à la mi-
sère. O siècle de Philosophie & d'humanité, jouis de
tes succès; applaudis-toi d'avoir réduit le Prêtre & le
Pontife à la détresse. C'est la veuve & l'orphelin que tu
as dépouillés: c'est l'indigence elle-même que tu as déshé-
ritée à jamais.

B 2

Quelque déſolans contraſtes qu'il doive réveiller dans
vos ames, M. M., pourrois-je paſſer ſous ſilence le
voyage Louis XVI en Normandie? Hélas! il y marchoit
au milieu des tranſports de la joie & des acclamations
de l'amour des peuples! O bon Prince! qui fûtes connu
alors, comment avez-vous pu ſi-tôt être oublié? Digne
du plus grand honneur qu'un Roi puiſſe faire à un ſu-
jet fidèle, LE CARDINAL DE LA ROCHEFOUCAULD reçoit à Rouen ſon Souverain. Le Monarque le traite
comme ſon ami, comme ſon Père : il le fait aſſeoir
affectueuſement à table à ſes côtés. Je crois voir Va-
lentinien chez Saint Ambroiſe. Louis XVI ajoute encore à cette première faveur, &, le même jour, le
Prélat reçoit, une ſeconde fois, l'hôte auguſte, dans ce
Château plein des grands ſouvenirs du Cardinal d'Am-
boiſe & de Saint Louis (1). Mais alors, il refuſe l'honneur de manger avec ſon Prince. Le milieu de la nuit
eſt paſſé, & il doit célébrer à l'autel l'anniverſaire de
ſon élévation à l'Epiſcopat. La préſence du Roi, cette
circonſtance impoſante, unique, n'eſt pas capable de
lui faire ſacrifier un acte de piété : voilà la leçon qu'il
donne aux courtiſans.

Vous repréſenterai-je LE CARDINAL DE LA ROCHE-
FOUCAULD, gouvernant l'Ordre de Cluny, avec le même
eſprit de douceur & de prudence que ſon Diocèſe?
Vous parlerai-je de ſon attachement & de ſa vénération pour les Ordres Monaſtiques? O Providence!

_____

(1) L'an 1262, le Roi Saint Louis donna en échange à l'Archevêque
de Rouen, le Château de Gaillon, pour le vivier de Martainville. Le
Cardinal d'Amboise le fit reconstruire tel qu'on le voyoit encore il y a
dix ans. Hist. de la ville de Rouen. T. 1, p. 14.

c'eſt dans un ſiècle déchaîné contre ces ſaintes inſtitu-
tions, que vous tirez de leur ſein, pour le placer ſur
le Trône de l'Egliſe, un Pontife dont l'humilité, le zèle
& la Sageſſe rappellent tant de grands hommes que
l'ordre de Saint Benoît a donnés au Siège Apoſtolique.
Qu'il vive, O mon Dieu! qu'il vive pour *conſoler toutes*
les ruines de Sion, pour reconcilier les pères avec leurs
enfans & réunir les Tribus d'Iſraël.

Voyez le Cardinal de la Rochefoucauld ſur un
plus vaſte théâtre, prenant part aux affaires générales
de la Religion, dans ces Aſſemblées auguſtes, image de
nos anciens Conciles ? Il y paroit, la première fois,
pour partager l'honneur de l'exil avec ſon Oncle & tous
les Députés du Clergé. (1) Déjà, la Philoſophie, mé-
ditant notre ruine, diſputoit au Clergé ſes immunités
ſaintes, auſſi anciennes que la Monarchie; ce droit d'*ap-*
porter librement *aux pieds du Trône des dons volontai-*
res, dont le fruit le plus doux étoit de faire des ſacri-
fices ſupérieurs à ceux de la ſimple obéiſſance (2).

Je vois encore le ſage Prélat dans cette aſſemblée fa-
meuſe dont le zèle défère à Benoît XIV la déciſion de
queſtions auſſi délicates qu'importantes à la tranquillité
de l'Egliſe & de l'Etat (3), & qui eût auſſi la gloire
de créer ce beau ſyſtême d'adminiſtration, vanté par
nos ennemis même. Une diviſion exacte des membres
du Clergé en claſſes différentes, établiſſoit entre eux
tous une balance équitable dans l'impoſition commune,
d'après les règles fixes, & ſuivant des rapports ſagement

_____

(1) En 1750.
(2) *Harangue de M. l'Evêque d'Auxerre au Roi.* 1er Xb. 1782.
(3) En 1755.

combinés de l'utilité & des richeſſes reſpeƈtives des Mi-
niſtres du Sanƈtuaire. Le Prélat, alors Archevêque
d'Alby, fut jugé digne par l'aſſemblée de diriger cette
utile & grande entrepriſe.

Appellé lui-même dans la ſuite à préſider deux fois le
Clergé de France, il dénonce au Roi, avec autant
d'onƈtion que d'énergie, *cette fauſſe & ſuperbe Philo-*
ſophie, qui a enfin déchiré le voile qui couvroit ſes inſi-
dieuſes démarches; cette licence effrénée, qui règne non-
ſeulement dans la Capitale, mais qui déſole les Provin-
ces, corrompt les campagnes, ſe communique des Pères
aux enfans, & menace la poſtérité (1)

Saints gémiſſemens du zèle, généreux efforts de la piété!
hélas! que pouvez-vous contre un ennemi auquel il a
été donné *de combattre & de vaincre?*

La vie des hommes qui ne ſont que célèbres, ſe réduit à quelques époques brillantes. Celle de l'homme de
bien eſt pleine; elle n'a ni vuides ni obſcurités. Ce que
LE CARDINAL DE LA ROCHEFOUCAULD parut au déhors
& dans ſa vie publique, il l'étoit auſſi dans les rapports
de la ſociété, & juſques dans le ſeƈret de la familiarité
la plus intime.

Placé entre deux écueils, le monde & ſes devoirs, il
avoit ſu trouver ce juſte tempérament, cette ſobriété de
ſageſſe, cette alliance ſi difficile & ſi rare des obligations
de ſon état, & des bienſéances du monde, qui lui fit
pardonner ſa vertu, & le rendit agréable à Dieu &
aux hommes.

(1) *Harangue, de M. le Cardinal de la Rochefoucauld, au Roi.*
Mém. du Clergé, année 1780 1782.

Quelle admirable fimplicité dans fes mœurs, dans fes goûts, dans toutes fes actions ! Quelle candeur, quelle franchife, quelle élévation de fentimens ! Un inftinct généreux fembloit le porter naturellement vers ce qui étoit vrai, jufte, noble & grand. Quelle douceur ! Quelle aménité de caractère ! Quelle inaltérable égalité d'humeur ! D'un accès facile pour tout le monde, & furtout pour les pauvres & les malheureux, fon accueil étoit prévenant, affectueux, careffant. En quelque tems qu'on l'approche, on le trouve libre, ferein, toujours femblable à lui-même. Une gaiété douce brille dans fes yeux & fur fon front : elle annonce la tranquillité de fon efprit, la paix profonde de fon ame. Un certain charme, répandu fur toute fa perfonne, commandoit la vénération & l'amour. Ces fentimens ne faifoient qu'augmenter & s'accroître par l'habitude de le voir & de le fréquenter. Il affaifonnoit fes difcours & fes manières d'une urbanité exquife, devenue fi rare de nos jours. Sa politeffe noble & naturelle, tout à la fois, connoiffoit cette nuance délicate d'attentions & d'égards, variés felon la différence des hommes & des rangs. Ennemi par goût de la grandeur & de la repréfentation, perfonne ne foutenoit l'une & l'autre avec plus de grace & de dignité. Nourri, dès l'enfance, de la maxime : *Qu'on parle peu, quand la vanité ne fait point parler* (1), fa converfation étoit grave & réfervée. Il avoit la bouche dans le cœur, fuivant la belle expreffion de l'Ecriture (2), & toutes fes paroles portoient l'empreinte de fa douceur & de fa bonté.

---

(1) *Maximes du Duc de la Rochefoucauld*, 164.

(2) *In corde Sapientium os illorum*. Eccli. c. 21. verfet 29.

Plein d'amour pour fa famille, quel parent fut jamais plus tendre, plus affectionné, plus libéral ? Maître facile, humain, compatifant, la France entière admira le trait de dévouement de fa charité envers un de fes ferviteurs malades, pour lequel il expofa fa vie. Certes, une ame auffi bellè, dû être fenfible à l'amitié ! Oui, MM. , LE CARDINAL DE LA ROCHEFOUCAULD étoit digne d'avoir des amis, & il trouva des hommes qui furent dignes de l'être. *Beati qui te viderunt, & in amicitiâ tuâ decorati funt.*

Son intérieur eft comme un Sanctuaire, où tout annonce cet efprit d'ordre, d'économie, d'arrangement, efpèce de vertu domeftique que l'Apôtre exige de l'Evêque, & fans laquelle, au jugement des plus grands hommes, on eft incapable de gouverner. Là, tout eft à fa place, tout eft ordonné avec intelligence. L'oraifon, les affaires, les délaffemens ont des heures marquées; toutes les dépenfes font réglées avec foin ; toutes font acquittées chaque mois avec exactitude. Tous les foirs, le pieux Archevêque raffemble fa famille & fes domeftiques; & lui-même, à l'exemple de S. Charles, offre au Tout-puiffant le facrifice de fes actions de graces & de fes prières.

Ne nous étonnons donc point, MM., *de l'honneur que ce Sage s'eft acquis parmi fon peuple* (1). Ne rous étonnons point de la confidération univerfelle dont il jouiffoit à la Cour, dans la Capital, dans le Royaume entier, ainfi que dans fon Diocèfe.

---

(1) *Sapiens in populo hæreditabit honorem, et nomen illius erit vivens in æternum.* Eccli. c. 37. verset 29.

La France montroit avec complaifance, LE CARDINAL DE LA ROCHEFOUCAULD, comme un homme d'une grande vertu, & d'une amabilité rare; refte précieux des anciennes mœurs, échappé, par un efpèce de prodige, aux ravages du dix-huitième fiècle. *Vir antiquiffimi moris, & prifcam gravitatem femper humanite temperans.* Sa maifon avoit de la fplendeur fans fafte; fon train, de la magnificence fans luxe; fa table, de l'abondance fans recherche & fans profufion : & cette magnificence, cette fplendeur, ces facrifices aux bienféances de fon fiècle & de fon rang, plutôt qu'une fatisfaction de fes goûts perfonnels, refpiroient encore la modeftie Epifcopale & la fimplicité de fes mœurs. C'étoient les vafes d'or & d'argent entre les mains d'Abraham.

Pierre de Blois a peint le vertueux Cardinal dans l'éloge qu'il adreffe à un Archevêque de Rouen, exilé auffi pour la caufe de l'Eglife. « Rien n'a pu, lui dit-il, » ébranler la conftance de votre ame, parmi les plus » dangereufes tentations du rang, de la fortune & de » la flaterie; vous avez fu remplir avec honneur un » miniftère faint & difficile; conferver l'humilité au mi- » lieu des grandeurs & des richeffes, & réprimer l'or- » gueil dans l'élévation & la puiffance ». *Quodam enim eleganti artificio miniftrandi in divitiis & honoribus fenfiftis humiliter, & omnem in poteftate, gloriam repreffiftis* (1).

LE CARDINAL DE LA ROCHEFOUCAULD a furvécu à fa profpérité, & fa vertu n'en a paru que plus pure & plus éclatante.

---

(1) *Petri Blesens. Batb. Archidiac. Ep.* 124, *ad Gualterium Archiep. Rothomagens. ab Ecclesiâ suâ exulantem. p.* 222.

SECONDE PARTIE.

La plus ancienne Monarchie de l'univers est tombée
en un jour : une Eglise florissante, plus ancienne que
cette Monarchie, & Vierge jusqu'alors, a été souillée
par le Schisme & l'Impiété.

Malheur à nous, qui avons vu la ruine de notre Nation ! *Væ mihi ! ut quid natus sum videre contritionem
populi mei !* Malheur à nous, si le souvenir des désastres
de la Religion pouvoit nous en faire oublier l'esprit ?
Incorruptibles témoins de nos gémissemens & de nos
larmes, saints Autels, parlez : redites à la France les
vœux ardens que nous ne cessons de vous adresser pour
son bonheur ! O France ! ô Patrie toujours tendrement
aimée ! quand donc luira pour toi ce jour, où *la Justice
embrassant la Paix*, éteindra le flambeau des guerres
étrangères & des discordes intestines; & rassemblant dans
ton sein tous tes enfans dispersés, te fera jouir enfin
de ce bonheur véritable après lequel tu soupires, au
milieu de tes Trophées & de tes conquêtes ?

Onze ans écoulés, une succession effroyable d'hommes & d'évènemens, tant de changemens étranges sur-
venus parmi les plus incroyables changemens, placent si
loin de nous l'époque fatale & les premiers artisans de
nos malheurs, que cette circonstance seule écarte tout
soupçon d'animosité personnelle. Et quelle considération
pourroit donc empêcher de parler librement d'une ca-
tastrophe qui appartient à l'histoire des Nations?

La Religion avoit perdu parmi nous cette autorité

fainte dont le poids affermit les Empires, en retenant les peuples dans les bornes de l'obéiffance. De l'Incrédulité étoit née une inquiétude indocilité, une farouche impatience de tout frein, un mépris déclaré pour l'expérience des Siècles & la fageffe de nos Pères; une fureur de difputer fans fin fur tous les devoirs & fur tous les droits. Les efprits échauffés par leurs propres vifions, portoient à l'exès l'audace des fyftêmes & l'extravagance des paradoxes. Enfant d'un délire univerfel, l'opinion, cette maîtreffe auffi infenfée que tyrannique, dictoit fes arrêts en fouveraine, égaroit les peuples, entraînoit les Grands. Elle enchaînoit le meilleur des Rois fur. fon Trône, & rendoit inutiles pour la France fa bonté, fa clémence, fes vues de bien public, toutes fes vertus. Forcé d'obéir à ce nouvel oracle, Louis XVI cherche dans la fageffe des Députés de fon peuples des lumières & des reffources qu'il ne trouve plus dans fes Confeils. Sa confiance ne met point de réferve à fon dévouement. Il fe perfuade que la fidélité de fes fujets n'en mettra aucune à leur zèle. Illufion d'un bon cœur, que vous lui coûterez cher! Que vous coûterez cher à la France!

Le Myftère d'iniquité fe montre à découvert : on veut tout changer, tout bouleverfer, tout détruire, & les Inftitutions & les mœurs, & les ufages & les Lois, & la Religion & la Monarchie.

Loin de nous, MM., de vaines théories fur l'origine des Sociétés : ne nous égarons point dans des difcuffions interminable fur la meilleure forme de Gouvernement. Sans blâmer aucun de ceux que le Ciel a confacrés; fans me prévaloir du jugement uniforme des plus grands hommes de l'antiquité & des temps modernes, en faveur de la Monarchie, fous laquelle nous trouvons déjà les premiers peuples (1) ; je dirai, que ce problême politique étoit réfolu pour la France par une expérience de quatorze fiècle, par fa profpérité, fa gloire, fa puiffance & par la jaloufie de fes rivaux. Je dirai, que Dieu, ayant crée l'homme pour la Société, il le fait naître foumis à l'ordre par lequel exifte la Société dont il devient membre. Je dirai, que la première Loi de toute Société, eft celle qui défend d'attaquer les Lois établies & les Gouvernemens qui en font les dépofitaires. Loi faintes, Loi gravée dans la nature même de l'homme, fondée fur fes béfoins habituels & fes rapports néceffaires avec fes femblables, fans laquelle tous les Empires fe confondent & s'écroulent, le genre humain n'eft plus qu'un troupeau de bêtes féroces, & la terre, qu'un champ de carnage.

Or, je le demande, lorfque parmi nous un parti leva l'étendart contre la Monarchie, quel étoit le devoir du Clergé de France ? Le premier des trois ordres formans & repréfentans la Nation, au nom de laquelle ils doivent conferver fes droits, fes maximes & fon antique Conftitution ; le Clergé, pouvoit-il, fans encourir l'indignation du Ciel, & le mépris de la terre, trahir fa foi, violer fes fermens, fouler aux pieds tous les principes ; &, complice, facrilège des Novateurs, allumer les torches de la rébellion au feu du Sanctuaire, pour incendier plus rapidement la Patrie ? Que fes intentions aient d'abord été méconnues, & les motifs de fa réfiftence calomniés, après ce que nous avons vu, auroit-il encore befoin d'apologie ?

_____

(1) *Initio Reges (nam in terris nomen imperii id primum fuit) diverfi pars ingenium, alii corpus exercebant.* Sallust. bell. catil. cap. 2.

L'implacable ennemie du repos du genre humain, la Philofophie, a rallié à fa caufe tous les préjugés, tous les intérêts, toutes les paffions. Çette ligue formidable, elle la dirige principalement contre le Clergé. Son Chef eft un vieillard presqu'octogénaire; mais dans un âge fi avancé, il a confervé toute fa vertu. Sa vie, depuis fa jeuneffe, a été confacrée aux bonnes œuvres; fa vieilleffe fera meilleure encore. *Bona juventus, fed melior fenectus.* Dieu l'a engagé dans un rude combat, afin qu'il demeurât victorieux, & qu'il fût que fa Sageffe eft plus puiffante que la vaine fageffe des hommes. *Certamen forte dedit illi ut vinceret, & fciret quoniam omnium potentior eft Sapientia.*

Reportez vous, MM., à ces défaftreufe circonftances, où les foulèvemens populaires, les périls & les inftances du Monarque forcent enfin le Clergé à une démarche long-temps différée, parce qu'elle devoit dénaturer la forme de notre Monarchie & entraîner tous les malheurs inféparables de ces dangereufes innovations.

LE CARDINAL DE LA ROCHEFOUCAULD, en cédant à la néceffité, avec le plus grand nombre de fes Collègues, protefte folemnellement en leur nom, & au fien, à la face de la nouvelle Affemblée, contre la violation des Lois fondamentales, qui font le feul garant de la félicité & de la liberté des peuples (1). Ainfi l'intrépide

---

(1) M. Le Cardinal, en se rendant avec la majorité du Clergé dans la salle commune, d'après l'invitation expresse du Roi, il lut une proteftation concertée d'avance avec les principaux membres de son Ordre. Il sortit ensuite de sa place pour venir déposer cet acte sur le Bureau. Mirabeau se leva aussi-tôt de son côté et vint au bureau parler contre cette protestation qu'il prit avec audace, et qu'il rejetta avec une espèce de fureur et de mépris.

Prélat dévoue fa tête aux brigands qui venoient de lapider le bienfaifant Archevêque de Paris. En vain fes ferviteurs veulent, par une route détournée, le fouftraire à ces furieux; *non, non,* leur dit-il, d'un ton affuré, *ils croiroient que j'ai peur.* Tant de fermeté dans un vieillard, une ancienne habitude de refpect pour fes vertus; je me trompe, la Providence qui le deftine à nous édifier & à nous inftruire, le garantit de ces premiers dangers. Il va en affronter de nouveaux. Le Roi fouftrait, par miraracle, aux poignards des affaffins, eft traîné captif dans la Capitale de fon Empire. Courtifan empreffé, dans ce jour, où le moindre figne de dévouément au Monarque eft un titre de profcription, le Cardinal fe précipite fur fes pas, il paroît le premier dans cet épouvantable cortège; inviolablement attaché à fon fouverain, fuivant l'expreffion de Tertullien, *par la Religion de la feconde Majefté,* & prêt à en devenir le Martyr. *Juftus quafi leo confidens, abfque terrore erit.*

Déjà, l'on a enlevé à l'Eglife ce tribut des fruits de la terre, que la piété chrétienne, à l'exemples des Patriarches, & du peuple choifi, avoit confacré à Dieu dès les premiers fiècles, & qu'avoient confirmé d'âge en âge nos anciens Conciles & toutes nos Lois; & ce n'eft là que le commencement. La perte entière du Clergé eft jurée. On lui ravit encore fes domaines, le prix des péchés, l'offrande du repentir, le patrimoine de la veuve & de l'orphelin: ces Domaines conquis fur les forêts & les déferts incultes des Gaules, par l'induftrieufe patience de pieux Solitaires. L'offre de quatre cents millions, ce grand facrifice, fi propre à fermer les plaies de l'Etat, eft accueillie par des dérifions cruelles, & récompenfée par une fpoliation abfolue.

Au moment où fon opulence s'évanouit comme un fonge, quelle fut la conduite de l'illuftre Cardinal ? Montre-t-il plus de regret pour fes biens, qu'il n'a montré de crainte pour fes jours ? Non, MM. ni le long ufage des richeffes, ni ces jouiffances de fon rang que l'habitude change en befoins, & dont la privation devoit être fi fenfible à un âge, où la nature cherche dans cette pompe extérieure une forte de dédommagement à fes irréparables pertes ; rien ne peut l'émouvoir. Il porte une réforme prompte & févère dans toute fa maifon, & quand on le voit tout-à-coup dans un appareil fi différent, on reconnoît qu'il poffédoit en maître les préfens de la fortune. Souvent, dit Saint Auguftin, nous ne croyons point aimer les biens périffables dont nous jouiffons : c'eft lorfqu'ils nous échappent, que nous reconnoiffons notre erreur ; puifqu'il faut néceffairement que l'on ait poffédé avec affection ce qu'on ne fauroit perdre fans douleur.

Le Cardinal de la Rochefoucauld a dit avec l'Eglife de France ; *périffe l'or & l'argent,* pourvu que nous confervions intact le dépôt facré de la Foi. Mais la Foi ne fera pas plus refpectée que les tréfors du Sanctuaire.

Le Schifme a publié un code infidieux, où, proftituant le nom vénérable de l'antiquité à des innovations inouies, il feint de maintenir l'Epifcopat qu'il dégrade, & de refter uni à la chaire apoftolique dont il fe fépare: artifice de l'hypocrifie, hommage perfide à la Foi des peuples, qu'il n'efpère pouvoir corrompre, qu'en l'abufant.

Sentinelle attentive, le Cardinal de la Rochefoucauld fonne l'allarme dans le camp d'Ifraël. Chef du

Clergé, il fent l'importance des devoirs que !ce titre lui impofe, dans ces jours de blafphême & d'impiété. Nulle confidération ne l'arrête. Tel eft le caractère du zèle : les hommes d'ailleurs les plus paifibles & les plus modérés, ne le font plus, quand leur douceur & leur filence trahiroient la caufe de Dieu. On les voit alors, animés du plus grand courage, combattre avec intrépidité. (1)

Le Cardinal raffemble chez lui les Evêques & les Docteurs. Ils délibèrent fous fes yeux, ils difcutent, ils examinent, ils approfondiffent ; & bientôt paroît *l'Expofition des Principes fur la Conftitution civile du Clergé*, glorieux teftament de la Foi de l'Eglife Gallicane, fcellé de l'approbation du fucceffeur de Pierre, & du fuffrage de toutes les Eglifes.

Le Cardinal de la Rochefoucauld ne fe diffimule ni l'audace ni la puiffance des partifans de l'erreur, ni les périls de fon dévouement : il ne calcule ni fon âge, ni l'inutilité de fes efforts, cette réflexion fi propre à glacer le courage. Réfolu de combattre pour la juftice, jufqu'à fon dernier foupir, (2) chaque jour il fe montre avec intrépidité au milieu de fes ennemis. Sa préfence eft une réclamation continuelle contre des excès que nulle puiffance humaine ne peut arrêter. Elle rapelle fans ceffe aux méchans, qu'un Prêtre fidèle à l'Evangile, peut-

---

(1) *Qui tametfi alioqui pacati ac moderati fint, hâ tamen in re lenes et faciles effe non poffunt, cùm per filentium et quietem caufa Dei proditur ; verùm hic admodum bellaces funt, atque in confligendo acres et feroces (hujus modi enim zeli æftus eft.) S. Greg. Naz. in laudes S. Athanas. orat. 21. p. 388.*

(2) *Ufque ad mortem certa pro juftitiá. Eccli. chap. 4. verfet 33.*

être

être dépouillé, mis à mort, mais qu'il n'est jamais vain-
cu. (1) Elevé comme dans une région supérieure, le Sage
vieillard voit de loin, & d'un œil serein, le déchaîne-
ment des passions furieuses, qui mugissent autour de lui.
Il brille comme l'arc lumineux au milieu de ces orages;
quasi arcus refulgens inter nebulas.

Je ne vous rappellerai point, MM., cette longue suite
de combat de l'incrédulité contre le christianisme, de la
force contre la justice, où la gloire couronna les vaincus.
Quel lieu dans l'univers n'en à pas retenti ? Que pourrois-je dire aux étrangers qu'ils ne sachent aussi bien nous-
mêmes ? Dans ce grand nombre d'Evêques savans, de
Publicistes profonds, & d'excellens Orateurs, quels noms,
quels talens puis - je citer, qui leurs soient inconnus ?
L'Europe n'a-t-elle pas admiré avec nous cet homme
que la postérité enviera à notre siècle, comme tous les
pays l'ont envié à la France ? Génie universel, qui a
rendu toutes les sciences tributaires de son éloquence;
qui n'est jamais plus sublime, plus pressant, plus vigoureux, que dans ses subites inspirations : non moins éton-
nant peut-être par son courage ; d'une main défendant
l'Eglise, & de l'autre la Monarchie, il a renouvellé sous
nos yeux le prodige de cet ancien Romain, arrêtant seul
la marche d'une armée victorieuse.

L'âge du Cardinal de la Rochefoucauld ne lui permet
point de partager ces sortes de triomphes. Il combat
néanmoins; non par la force de la parole, mais par
celle de la vertu. *Non in verbis, sed in ostensione... vir-*

_____

(1) *Sacerdos Dei tenens Evangelium occidi potest, non vinci.* S. Cypr.
Ep. 59.

C

tutis. Son inébranlable conftance, fon courage tranquille, fon héroïque dévouement, excitent, foutiennent, les défenfeurs de la vérité. Tels, à Lacédémone, des vieillards, la gloire de leur Patrie, préfidoient aux jeux de la guerre, & animoient encore de leurs regards l'ardeur d'une jeuneffe belliqueufe.

Avec quelle joie le digne Chef du Clergé de France, verra un jour introduire dans le Sacré Collège, celui qui, fous fes yeux, s'étoit en quelque forte créé, à force de courage & de talens, l'Orateur de l'Eglife & de l'Etat, dans cette trop mémorable Affemblée ! Tous les forfaits qui la fouillèrent, n'ont rendu que plus éclatant un grand acte de juftice, où l'immortel Pie VI ne craignit point d'apprendre à l'univers la vraie deftination des honneurs.

Il eft arrivé ce jour que les perfécuteurs ont marqué dans leurs folles penfées, comme le dernier jour de l'Eglife de France. Entendez-vous les cris de fureur d'hommes altérés du fang des Martyrs ? Quoi, malheureux, vous efpérez intimider la vertu ! Ah ! la foibleffe & la peur n'appartiennent qu'au crime. Nouvel Eléazar, LE CARDINAL DE LA ROCHEFOUCAULD s'avance d'un pas ferme & tranquille. Ses Collègues l'entournent, moins allarmés pour leurs propres périls, que pour une tête fi chere. *Le feul ferment que nous devions faire,* leur dit le courageux vieillard, *eft celui de n'en faire aucun.*

L'Eglife Gallicane eft en préfence. Raffemblez toutes vos forces, ô perfécuteurs, *& vous ferez vaincus.* Animez vos fatellites par des fignes cruels; excitez leur rage & leurs clameurs; *vous ferez vaincus.* Attaquez feul à feul, ces athlètes dont la réunion vous épouvante. Agen retrouve encore fon Phébade, & Poitiers fon Hilaire;

c'en est fait , *vous êtes vaincus.* Le Héros du crime confondu , & comme frappé d'un trait d'en haut, s'enfuit,
le blafphême de Julien à la bouche. Vos bourreaux ,
glacés du même effroi, laiffent tomber leurs poignards;
& je vois des triomphateurs , où vous attendiez des
victimes.

Le Cardinal n'enviera pas long-temps aux Evêques
d'Agen & de Poitiers la gloire de profeffer publiquement
fa Foi. On a furpris une de fes lettres , où il parle en
Evêque. Quelle conquête pour les perfécuteurs ! Frap-
per toute l'Eglife Gallicane dans fon Chef! Une fi grande
victime immolée au Schifme naiffant, doit en étendre rapidement les progrès. Cette attaque imprévue, n'étonne
point le vertueux Cardinal. Il fe lève avec calme : *oui,*
MM., j'ai écrit la lettre que l'on vous dénonce , & j'ai
dû l'écrire ; elle renferme mes véritables fentimens. Il ne
daigne rien ajouter de plus pour fa défenfe. On s'agite,
on difpute, on délibère; les fcandaleux débats fe pro-
longent bien avant dans la nuit ; mais l'efpérance des
perfécuteurs eft trompée : le grand nombre fut une fois
favorable à l'innocence.

« Quelque méchans que foient les hommes, a dit un
» écrivain célèbre, ils n'oferoient paroître ennemis de la
» vertu, & lorfqu'ils la veulent perfécuter , ils feignent de
» croire qu'elle eft fauffe, ou, ils lui fuppofent des cri-
» mes ». (1) Delà, tant de calomnies abfurdes, tant d'im-
putations extravagantes contre le Clergé. Qui pourroit
le croire , fi nous n'en euffions été les témoins? Des lé-
gions entières ont ordre, à cinq reprifes différentes, d'af-

_____

(1) *Maximes du Duc de la Rochefoucauld.* 566.

fiéger le Palais du Cardinal. Stratagême odieux, pour per-
fuader à la multitude, qu'il recèle; quoi, MM. ? un dépôt
d'armes. On ne rougit pas de les demander au Prélat lui-
même. Il ne répond qu'en montrant l'Evangile : voilà les
armes d'un Evêque.

Quelquefois on le furprend dans la nuit : il fe réveille
au milieu des épées nues, & d'une foldatesque mena-
çante. Son calme, fa férénité, fa douceur, confondent,
attèrent, charment bientôt les exécuteurs d'ordres fi
barbares. Allez, malheureux, racontez à ceux qui vous
envoient, ce que vous avez vu ; le jufte, contre lequel ils
confpirent, dormant d'un fommeil doux & paifible :
Quiefces & fuavis erit fomnus tuus. Et d'où naît cette
admirable intrépidité ? Qui pourroit s'y méprendre,
MM. L'homme, dit St. Auguftin, ne peut être invin-
cible par lui-même : celui qui lui a donné le précepte
& la grace d'aimer fes ennemis, lui donne auffi, par
fa protection & fa puiffance, affez de force pour ne
point craindre leur haine.

Tandis que le Schifme s'établit par la violence, le
zèlé Cardinal met tout en œuvre, pour préferver fon
Diocèfe de la contagion. Il enfeigne, il excite, il preffe,
il conjure. Tantôt il parle avec autorité à fon Clergé & à
fon Peuple; tantôt, il cherche à défiller les yeux de ceux
qui s'arrogent le droit d'élire les Miniftres de l'Eglife. Inftructions publiques, exhortations particulières, que de
moyens fa charité ne lui fuggère-t-elle pas? Toujours fidèle à fon caractère, c'eft ce bon Pafteur, qu'un Saint
Docteur nous repréfente fous l'image d'une Colombe,
dont le cœur tendre combat la haine & l'erreur, par des
gémiffemens pleins de douceur & d'amour. *Bonus Paf-
tor... columba amat & quando rixatur.*

Ceux qui fe vantoient de régénérer la France, & lui promettoient la paix & le bonheur, en ont abandonné le timon, & les calamités, & les troubles ne font que s'accroître. Le Trône antique de Clovis eft renverfé. Le fucceffeur de foixante - huit Rois gémit dans une fombre prifon. Cet outrage à la Majefté Royale devient le fignal de la profcription du Sacerdoce. Quel calme ! quelle dignité ! quel dévouement n'apporte pas dans cette fcène de carnage, le collègue fidèle du Cardinal de la Rochefoucauld, le docte & vertueux Archevêque d'Arles qui couronna une vie courte, mais éprouvée comme l'or dans la fournaife, par la gloire de préfider à cette nombreufe affemblée de Martyrs. Jamais il ne fe montra fi puiffant en œuvres & en paroles que dans cette Eglife des Carmes, célèbre à jamais, comme le temple de Mont-martre, par la multitude des faintes victimes qui y furent immolées. Là, les autels fanglans reçoivent les derniers hommages des Pontifes & des Prêtres. Là, deux Evêques, deux frères de la Maifon de la Rochefoucauld (1), tombent percés du même coup, & expirent en s'embraffant. L'infortuné Cardinal entend prefque leurs derniers foupirs. On égorge à fa droite, on égorge à fa gauche: Paris nage dans le fang. Un inconnu accourt, hors de lui-même, pour l'avertir que la nuit fuivante, tous les Evêques doivent fubir le même fort. L'épouvante s'empare de fa famille & de fes ferviteurs. Ils le preffent, ils le conjurent à genoux, de changer de demeure. Leurs inftances, leurs larmes font inutiles. *Je vais me préparer à la mort*, leur dit l'intrépide Octogénaire ; *Dieu ordonnera de moi ce qu'il lui*

---

(1) MM. les Evêques de Beauvais et de Saintes.

C 3

plaira. Confiance courageuſe, ſublime abandon à la Pro‑
vidence, nous vous dûmes le miracle de ſa conſervation.

Tout ce que le fer des brigands à épargné, eſt banni du
Royaume; & par un rafinement de barbarie, on refuſe,
pendant quinze jours, au Cardinal la liberté d'en ſortir.
Il part enfin. L'Océan trompe l'eſpoir des perſécuteurs :
& remet en ſûreté ce précieux dépôt aux rives étrangères.

Il arrive bientôt ſur les bords hoſpitaliers de la Meu‑
ſe (1), dans ces contrées, que Saint Athanaſe honora
autrefois de ſa préſence (2). Un Miniſtre zèlé du Saint
Siège, digne d'être un jour revêtu de la pourpre ſacrée,
s'empreſſe d'accueillir l'illuſtre fugitif (3). O tendre &
déchirant ſouvenir! Non, jamais il ne ſortira de ma pen‑
ſée ce jour, où j'eus le bonheur de vous approcher pour
la première fois, généreux confeſſeur de Jéſus‑Chriſt;
ce jour, où vous daignâtes me donner les premiers té‑
moignages de cette bienveillance paternelle, dont vous
m'avez comblé juſqu'à votre dernier ſoupir. *O carum &
ſacrum caput!* Je le vois encore cet auguſte vieillard: ſon
traveſtiſſement, ce grand contraſte avec ſon rang & ſon
ancienne fortune : le ſouvenir de tant de vertus, le ſou‑
venir de tant de périls, auxquels il vient d'échapper,
cette tête vénérable, cet air calme & gracieux, impri‑
ment, à ſon aſpect, un ſaiſiſſement involontaire, une
vénération religieuſe, mêlée de joie & de douleur. *O
carum & ſacrum caput !* On l'invite à raconter ſes mal‑

(1) À Maeſtricht.

(2) S. Athanaze exilé à Trèves par Conſtance, vint à Tongres, vi‑
ſiter S. Servais qui en étoit Evéque.

(3) S. E. M. le Cardinal Brancadoro, alors Nonce Apoſtolique, et
réſident à Liège.

heurs : il parle, & l'on croiroit qu'il s'agit d'évènemens qui lui font étrangers. Il ne laiffe pas échapper une feule parole d'amertume, pas une feule plainte, contre les auteurs de fes maux. *O carum & facrum caput !*

L'Eglife de France n'eft plus dans la France. Toutes les mers font couvertes de fes Vierges, de fes Prêtres & de fes Pontifes. Allez dans toutes les parties du monde, vénérables profcrits ; montrez par votre courageufe réfignation, & votre conftance inébranlable, que vous étiez dignes de fouffrir pour une fi belle caufe. Vous n'avez jamais été fi cher aux yeux de celui que vous fervez : « Il veut que nous jugions de la grace par la nature, dit un » écrivain profond ; &, comme un Prince, chaffé de » fon pays par fes fujets, à des tendreffes extrêmes pour » ceux qui lui demeurent fidèles dans la révolte publique, » de même, il femble que Dieu confidère avec une bonté » particulière ceux qui défendent la pureté de fa Religion, » quand elle eft combattue ». (1)

De nouvelles épreuves attendent LE CARDINAL DE LA ROCHEFOUCAULD hors de fa Patrie. Sa ville de refuge eft affiégée Une pluie de feu tombe fur fon azyle. Obligé de fuir pendant la nuit à la lueur des foudres qui éclatent fur fa tête, & à fes côtés, ces nouveaux périls découvrent en lui un nouveau genre d'intrépidité.

Je n'effayerai point de vous peindre la douleur profonde, où fut plongée l'ame d'un fujet fi fidèle, & fi réligieufement attaché au fang de Saint Louis, au récit du grand attentat. Il apprendra un jour, que, près de monter fur l'autel de fon facrifice, l'augufte victime demande,

_____

(1) *Pensées sur la Religion et quelques autres sujets. p.* 177.

avec le plus vif intérêt, à l'Ange qui le confole dans fa
douleureufe agonie, *où eſt ce bon Cardinal de la Rochefoucauld?* (1) Tant la vertu eſt chere à la vertu !

Terre malheureufe, qui égorges tes Pontifes & tes
Rois ! le Miniſtre des vengeances céleſtes à répandu fur toi
a coupe de la malédiction. « Peuples, foyez faifis d'éton-
» nement & d'effroi; *admiramini & obſtupeſcite* : per-
» fonne ne pourra croire ce qui va fe paſſer fous vos
» yeux... Le méchant tient le juſte affiégé... Il triomphe
» des Rois, & les Princes font le jouet de fa fureur...
» *Horribilis & terribilis eſt.* Sa force eſt fon Dieu... Ses
» armées volent avec la vîteſſe d'un aigle qui fond fur
» fa proie... Dès qu'elles paroiſſent, tout eſt confumé
» comme par un vent brûlant... Il a étendu comme l'En-
» fer fes vaſtes defirs; il eſt infatiable comme la Mort :
» il travaille à réunir fous fa domination toutes les Na-
» tions, & à fubjuguer tous les peuples... Il bâtit fa
» ville du fang des hommes, & la fonde fur l'iniquité :
» *Horribilis & terribilis eſt...* Le règne des Enfers eſt fur
» la terre. *Regnum inferorum in terrâ* ».

Abrégez, grand Dieu, abrégez ces jours de carnage
& de défefpoir, & que jamais votre colère ne permette
qu'ils renaiſſent pour ma Patrie !

Cependant une force divine d'aveuglement & de pu-
nition change tout-à-coup la face des affaires. Des armées formidables, quelque temps victorieufes, ne font
plus que d'impuiſſans remparts; la terre eſt de nouveau
envahie.

(1) *Relation d'un entretien avec M. l'abbé Egdworth, sur les derniers
momens de Louis XVI.*

Où fuira le vertueux Cardinal ? La Providence l'amène parmi vous, MM. C'eft ici qu'elle a fixé le terme de fon laborieux pélerinage. Parlez à ma place, MM.; dites-nous l'impreffion que vous éprouvâtes, en voyant ce vieillard vénérable, encore fain & vigoureux, dont l'âge n'avoit blanchi les cheveux, que pour donner à fes traits plus de majefté. Vous les rendez d'abord à fon rang, à peine vous eft-il connu, que vous aimez à les rendre à fa perfonne. Vous ne vous laffez point d'admirer fa dignité noble dans le malheur, fa fermeté douce, fon affabilité qui vous enchante. L'éclat de fes titres & de fa fortune à difparu ; & quand tout annonce autour de lui le dé-nuement & l'indigence, vous cherchez avec furprife, fur fon front, ou dans fon langage, quelqu'indice qui les décèle. Vous plaignez amèrement fes difgraces, & vous le voyez plus calme & plus ferein que vous-mêmes. Ceffez de vous en étonner ; il n'a rien perdu, fa vertu lui refte.

Le courage qui affronte fans pâlir les fureurs populai-res & le tribunal des tyrans, fuccombe fouvent à la feule penfée de la pauvreté. Le Cardinal de la Roche-foucauld à triomphé de cette épreuve terrible, auffi redoutée du Sage, que les richeffes mêmes. Il a pu dire avec l'Apôtre : *Scio... & abundare & penuriam pati.*

Oui, MM., il eut fans ceffe devant les yeux la perf-pective d'une détreffe prochaine, ménaçante : les derniers débris de fa fortune, épars au loin, étoient encore le jouet des évènemens & de mille hazards, qui rendirent, jufqu'à fon dernier jour, fon exiftence incertaine & précaire. Grand Dieu ! Ainfi votre Providence le tient fans ceffe fous fa main, pour achever de purifier fon ame, & lui fournir la matière d'un continuel facrifice.

Quoique réduit au plus rigoureux néceffaire, il ne jète pas même un regard fur le paffé : fon ancienne opulence ne put lui arracher un foupir, ni la profpérité des méchans, un murmure. Lui parle-t-on de fes privations? il cherche avec enjouement à en affoiblir le mérite : & lorfque fes amis s'en attendriffent dans le fecret; *eft-ce à moi à me plaindre*, leur dit-il, *quand les Enfans de nos Rois font fans afyle fur la terre ?* Il aimoit à répéter que l'exil étoit le meilleur des maîtres; qu'il lui avoit appris que l'homme avoit peu de befoins. *Oui*, difoit-il, avec candeur, *fi jamais Dieu me rappelle dans mon Eglife, dût-on me reftituer mes richeffes, je ne veux plus habiter de Palais; la moindre maifon me fuffira, pourvu que je puiffe y recevoir mes amis. Magnus qui incidens in adverfa, non excidit velparùm à fapientiâ.*

Vous admirez tant de réfignation & de courage, MM.; admirez encore fa libéralité & fon défintéreffement, au fein même de la néceffité. Obligé de congédier un grand nombre de ferviteurs fidèles, il ne veut pas qu'ils foient envelloppés dans fa difgrace. Ils l'ont fervi dans fon opulence; elle n'eft perdue que pour lui feul; elle préfide encore aux dernières largeffes qu'il leur diftribue.

La Maifon de la Rochefoucauld lui offre une penfion confidérable; il la refufe avec fenfibilité : fon facrifice à la Religion lui en paroîtroit moins pur. Pie VI, par un mouvement digne de fa grande ame; veut auffi adoucir fon fort : il ne croit pas pouvoir accepter les dons du Pontife. Il a encore le néceffaire pour un jour; il craindroit d'outrager la Providence, s'il fongeoit au lendemain. A l'exemple de Tobie, il prête à des compatriotes malheureux, un argent, fa dernière reffource, & qu'il pré-

voit bien ne devoir plus revenir dans ſes mains. Lui
fait-on connoître quelques beſoins preſſans, ſon cœur
l'aveuglant ſur les ſiens propres, il ſait encore être libéral.
Sa mort ſeule à pu rompre le ſceau qu'il avoit mis ſur les
lèvres du Miniſtre ſecret de ſes bonnes œuvres, ignorées
de ſa propre maiſon. *Caritas ſemper habet unde largiatur.*

Inſenſible à ſes propres maux, l'impuiſſance de ſoulager
tant d'infortunés qui l'environnoient, & ſur-tout ſes dignes coopérateurs, fut la plaie incurable de cette ame
bienfaiſante. Dieu le frappe ſans relâche des plus rudes
coup. Un neveu qu'il avoit formé à l'Epiſcopat, & qui
étoit la conſolation de ſon exil & le ſoutien de ſa vieilleſſe, expire entre ſes bras (1). Il voit la Cité Sainte envahie,
le Chef Auguſte des Paſteurs indignement outragé, traîné
de captivité en captivité, mourant dans les fers au ſein
de la France, de la France, juſqu'alors le plus ferme appui
du Saint Siége. Il voit nos principales Egliſes, veuves de
leurs Pontifes, appeller en vain de nouveaux Epoux. Il
pleure amèrement un ami ſelon ſon cœur, l'inſéparable
compagnon de ſes travaux & de ſes périls; un Evêque
d'une haute vertu, d'un zèle vraiment apoſtolique, qui,
dans les dangers de la Foi, ſe montra toujours le premier à la tête de ſes défenſeurs. Il le ſuit de près dans
les voies de l'Eternité (2), où ſans doute la divine charité réunit maintenant, devant le trône de l'Agneau,

(1) M. Dominique de Lastic, Evêque de Couserans, mort à Munster,
le 3 Mars 1795. Il est enterré dans le Cimetière de l'Eglise Cathédrale,
intrà Claustra, ainsi que tous les Ecclesiastiques français morts dans la
partie de la ville, en deça de la Rivière.

(2) M. de Bonnal, *Evêque de Clermont, mort à Munich, le 3 Septembre 1800, et M. le Cardinal le 23 du même mois, presque au moment, où il venoit d'apprendre la mort de son respectable ami.*

ces deux ames excellentes, qu'elle avoit si tendrement unies sur la terre.

Le zèlé Cardinal porte par-tout dans son cœur l'image déchirante des malheurs de son troupeau. Il l'a sans cesse présent à sa pensée. Une portion séduite, mais la moins nombreuse est livrée successivement aux prestiges de trois faux Pasteurs; l'autre est en proie à une persécution cruelle & aux scandales de l'impiété triomphante, épreuve plus redoutable que la persécution même. Vous le savez, grand Dieu, chaque jour prosterné aux pieds de votre Sanctuaire, il vous conjure de rendre vos anciennes miséricordes à son Diocèse & à la France, redevenue, comme autrefois, un seul bercail, sous la conduite du légitime Pasteur. *Unum ovile & unus Pastor.*

Il veille sans cesse sur ses peuples affligés; & malgré les barrières, qui durant ce règne cruel & ennemi de toute vertu (1), séparoient la France du reste du genre humain, il vient à bout de leur faire entendre sa voix, de les consoler, de les soutenir, de les instruire. Trois Eglises de sa Province, privées de leurs Evêques (2), ajoutent au fardeau, déjà immense, de sa sollicitude. Son zèle fait suffire à tout. Admirable pouvoir de sa sagesse & de sa vertu ! il a eu la consolation & la gloire de maintenir jusqu'à sa mort, dans quatre grands Diocèses, la pureté de la doctrine & de la Morale Evangélique, avec cette inappréciable uniformité de conduite & de sentimens, qu'aucune tentation n'a troublée. Dans l'obscurité de sa retraite, il est comme une étoile, dont la clarté bienfaisante dirige des malheu-

(1) *Sæva et infesta virtutibus Tempora.* **Tacit.**
(2) Evreux, Coutances et Lizieux.

reux battus de la tempête, & leur découvre les nombreux écueils femés fous leurs pas.

Tel eft, MM., l'ufage que LE CARDINAL DE LA RO-
CHEFOUCAULD à fait de l'adverfité. C'eft ainfi qu'il a rempli la pénible tâche de fon exil. Que l'on examine encore,
fi l'on veut, s'il eft plus difficile, s'il eft plus grand de ré-
fifter à la bonne qu'à la mauvaife fortune : certes, celui
qui a triomphé de l'une & de l'autre, eft une homme
Magnanime.

Le Ciel, en confervant à l'illuftre Prélat une fanté ferme & robufte (1), fembloit le garder, dans les tréfors de
fa miféricorde, pour le rendre un jour aux vœux ardens
de fon peuple. Sa phifionomie toujours belle, toujours
riante & animée n'offroit aucun de ces traits de caducité
qui affligent la vue, & qui font de la vieilleffe une efpèce
de mort vivante. Ses yeux également vifs & fereins, ne
fe couvrirent point de ces fombres nuages, funeftes avant-
coureurs des ténèbres éternelles. (2) Différent de ces vieillards, qui n'ont le trifte avantage de furvivre à leurs con-
temporains, que pour fe furvivre en quelque forte à
eux-mêmes, l'âge ne changea rien à fon humeur, à fon
efprit & à fon amabilité. Il fut homme jufqu'à fon dernier jour, & ne defcendit point au tombeau, par l'humi-
liante dégradation d'une feconde enfance.

Nous admirions cette vieilleffe étonnante qui fe re-
nouvelloit comme celle de l'Aigle. Il avoit vécu quatre-
vingt-neuf ans, & fa mort nous à furpris, comme s'il
eut été au milieu de fa carrière : tant fes forces nous

(1) *Et dedit dominus ipsi... fortutidem et usque in senectutem per-
mancit illi virtus.* Eccli. 45, verset 11.
(2) *Non caligavit oculus ejus.* Deuteron, chap. 34, verset 7.

raffuroient fur l'avenir ! ou plutôt, tant notre amour nous faifoit illufion fur la fragilité de la vie !

A la nouvelle de fa maladie, la confternation fe répand dans la ville. Sa maifon eft remplie à toute heure d'Allemands & de François : on court, on s'interroge, on demande avec inquiétude, fi l'art à défefpéré de la Nature. On oublie qu'il a vécu près d'un fiècle; on n'eft frappé que du vuide immenfe que va laiffer un homme fi vertueux. Dieu lui avoit montré la Mort, quinze mois auparavant, avec tout ce que fon approche à de terrible. Satisfait de fa réfignation & des grands exemples de piété, qu'il nous avoit donnés, il veut lui épargner aujourd'hui la douleur de ce dernier facrifice. C'en eft fait, l'arrêt eft porté. l'Eglife de France à perdu celui qui fut fi long-temps fa gloire au dehors comme au dedans. *Tàm præ-dulce decus, tàm clarum in his-ce mundi tenebris lumen extinctum eft... in quo totius Patriæ decus occidit.*

Vafte Diocèfe, l'objet de fes foins & de fa tendreffe; hélas ! vous n'avez point recueilli les dernières bénédictions de ce Patriarche. Une terre étrangère poffède fes vénérables reftes : mais fes exemples lui furvivent. *Tout mort qu'il eft, fa foi vous parle encore,* & fes arides *offe-mens prophétiferoient* contre vous, fi jamais vous vous écartiez de la route qu'il vous a tracée. Vous favez, vous dit-il maintenant du féjour, où il n'y a plus ni changemens ni viciffitudes, vous favez quelle à été ma doctrine & ma conduite; quelle fin je me fuis propofée. Vous avez connu ma foi, ma douceur, ma charité, ma patience, les perfé-cutions & les afflictions que j'ai eues à fouffrir. O vous, qui fûtes ma couronne & ma joie durant ma vie, par votre docilité à fuivre mes inftructions, n'affligez pas ma mémoire, en vous laiſſant emporter au vent des doctrines nouvelles. Mes chers Enfans, *aimez-vous les uns les autres comme je vous ai aimés.* Attachez-vous invariablement à la Loi de Dieu : cette ancre du ſalut que nous avons maintenue ferme pendant l'orage, l'abandonneriez-vous dans le calme? (1)

Vous avez vivement partagé notre douleur, MM., lorſque vous accompagniez avec nous le vertueux Cardinal à ſon éternelle demeure ; (2) lorſque le Clergé, la Nobleſſe, les Militaires, les Magiſtrats, le Peuple en foule, réunis tous par un même ſentiment, donnoient tant de pompe à cette lugubre cérémonie, (3) qui n'eût crut voir une ſeule famille aux funérailles de ſon Père ? *Privatum funus, ſed fletus publicis univerſorum fletibus conſecratus.*

Ville Généreuſe, LE CARDINAL DE LA ROCHEFOUCAULD vous aimoit avec tendreſſe ; &, ſi ſa cendre pouvoit ſe ranimer un inſtant, il applaudiroit aux juſtes éloges que je paye ici à vos vertus. Il vous nommoit ſa ſeconde Patrie. C'eſt ici qu'il déſiroit finir ſes jours, ſi le Ciel inexorable lui fermoit à jamais les portes de la France.

---

(1) *Cavete ne anchoram fidei ac Religionis, quam nos Cuſtodivimus in fluctu, amittatis in Portu.* S. Eucher. Lugdun.

(2) *Ibit homo in domum æternitatis ſuæ, et circuibunt in plateâ plangentes.* Eccles. chap. 12. verſet 6.

(3) *Efferebatur vir ſanctus... plena erant fora, porticus, duplicia et triplicia tabulata hominum deducentium, præcuntium, proſequentium, aſſectantium, in ſe invicem inſultantium, multa millia hominum omnis generis et ætatis ante eum diem incognita. Certabant noſtri cum exteris... iique viciſſim nobiscum, utris uberiores lacrymæ uberiorem utilitatem afferrent.* S. Greg. Naz. orat. funeb. S. Baſil. M.

Peuple fensible & bienfaifant, votre charité eft célèbre
par toute la terre : vous avez donné des pleurs fincères à
nos infortunes, & d'inépuifables fecours à nos befoins.
Vos Riches nous ont fait part de leur abondance, & vos
Pauvres, eux-même, ont partagé leur néceffaire avec
nous. *Vifcera Sanctorum requieverunt per te.* Nous avons
retrouvé chez vous l'accueil, la franchife, la cordialité,
toutes les vertus hofpitalières des ânciens Germains (1),
nos communs Ancètres. Protégez, Grand Dieu ! ce font
les vœux de tous les bons Français, (ils furent auffi ceux
du pieux Cardinal que nous pleurons,) protégez ces inno-
centes contrées, où l'humanité & la Religion ont confervé leurs droits. Couvrez de vos aîles cette terre de
Geffen ; préfervez là jufqu'à la fin des plaies qui ont dé-
folé le refte l'Empire. Conſervez lui un grand Prince, fi
digne de fon amour; un Prince, ennemi du fafte, dont le
génie met fa gloire à rendre fon peuple heureux, & qui,
le premier, lui a donné l'exemple de la bienfaifance envers nous. Maintenez ces fages Lois, ce Gouvernement
doux & paternel, à l'ombre duquel on voit règner la liberté fans licence, la fûreté fans contrainte, & cette
heureufe médiocrité, mère de la véritable abondance &
des bonnes mœurs. Répandez, Grand Dieu ! la rofée de
vos bénédictions fur ces campagnes qui ont nourri vos
ferviteurs, & que jamais le feu de la guerre n'approche
de ces azyles paifibles, où les Confeffeurs de votre Nom,

---

(1) *Convictibus et hospitiis non alia gens effusius indulget. Cuem-
cumque mortalium arcere tecto, nefas habetur, pro fortunâ quisque
apparatis epulis excipit. Cùm defecerit, qui modò hospes fuerat, mons-
trator hospitii et comes, proximam domum non invitati adeunt, nec in-
terest, pari humanitate accipiuntur. Notum ignotumque, quantum ad
jus hospitii, nemo discernit.* Tacit. de Morib. Germ. chap. 7.

qui n'en avoient plus fur la terre, ont trouvé la paix & la vie au fein d'une hofpitalité Patriarchale. Faites plus, Grand Dieu! affermiffez y le régne de la Foi; augmentez y le refpect, l'amour, l'obfervation de votre Religion fainte. Ecartez-en à jamais cette fauffe lumière qui, en aveuglant l'efprit, & en deffechant les cœurs, provoque tôt ou tard les coups de votre colère.

Méditez fouvent, MM., fur le grand fpectacle que le Ciel étale à vos regards. C'eft pour votre inftruction, qu'il a amené parmi vous les victimes d'une cataftrophe qui a ébranlé le monde entier jufque dans fes fondemens. *In Similitudinem gentibus.* Gardez-en précieufement le fouvenir : racontez à vos enfans, que vous avez vu dans vos murs un Grand, qui l'étoit encore d'avantage, depuis qu'il avoit perdu fa puiffance & fes richeffes; un Grand, qui mérita vos refpects, fe concilia votre amour par le feul empire de fa vertu & de fa patience héroïque dans le malheur, &, pour me fervir de l'expreffion de S. Paulin à un Saint Archevêque de Rouen : que vous avez vu un Martyr vivant. *Quod erat infigniùs, Martyrem vivum.* En leur montrant l'humble toît qui lui fervit de retraite pendant fept années, & la pierre fimple qui couvre fa dépouille mortelle, dites-leur : la Religion feule rend l'homme heureux ici bas, puifqu'elle le fait triompher du monde, de la fortune, de l'adverfité & de la Mort. Et tandis que la mémoire des méchans périt avec eux, ou ne leur furvit que pour être un objet d'horreur; celle du Jufte s'exhale comme un *doux parfum*, & recueille d'âge en âge les hommages de l'amour, des regrets, & la vénération des gens de bien.

D

Monsieur le Cardinal de la Rochefoucauld étoit né en 1713 à S. Elpiz, Diocèse de Mende. Il fut nommé à l'Archevêché d'Alby en 1747, à celui de Rouen à la fin de 1759; Cardinal en 1778. Il fut Président de l'assemblée du Clergé, en 1780 & 1782, de la Chambre du Clergé aux Etats généraux en 1789. Exilé par le décret de déportation en 1792, il s'embarqua à Boulogne, le 20 Septembre de la même année. Il habita successivement Maëstricht, Bruxelles & Munster. Il arriva dans cette dernière ville au mois de Juillet 1794, & y est mort le 23 Septembre 1800.

MM. les Chanoines du grand Chapitre, par un sentiment qui honore leur piété, ayant offert l'Eglise Cathédrale pour le lieu de sépulture, on fit construire un caveau dans la Chapelle, dite le *vieux chœur*, au bas de la Nef, au pied de l'Autel, où M. le Cardinal avoit coutume de dire la Messe. On a gravé sur sa tombe l'Epitaphe suivante. (Elle a été composée par M. l'Abbé D. Vic. Gén. de P.) à qui la reconnoissance a fait un devoir de rendre à la mémoire de S. E. ce dernier hommage de sa vénération & de son très-respectueux attachement.

D. O. M.

Hîc,

Ante Aram

Sub quâ Deo immolabat

Victimam Deum,

Jacet

Dominicus de la Rochefoucauld,

S. R. E. Presb. Cardinalis.

Archiep. Rothomagenfis,

Norman. Primas,

Totius Ordinis Cluniac. Sup.

Et Abbas ;

Regii ord. S. Spiritus Commendator,

Gallicanorum Præfulum

AEtate Decanus, exemplar pietate.

Ecclefias

Albigenfem per annos XIII. Rothomag. per. an XLI

Succeffive rexit.

Cleri forma, gregis pater ac déliciæ,

Ergà egenos munificentiffimus :

Pro Religione & patriis legibus,

Non timidus mori,

Poft multa vitæ difcrimina,

Octogenarius, per mare exulare coactus,

Monafterii Weftph. quod à VI annis,

Alteram Patriam appellabat,

Peramanter exceptus,

Omnium Ordinum luctus inter & fletus,

Annum agens LXXXIX, Pontificat. LIV,

Obiit

An. MDCCC. die XXIII Septemb.

 R. I. P.